KB134216

나는 나에게
좋은 사람이 되기로 했다

오늘의 기분, 내일의 나를 바꾸는 하루 한 장 심리 치유 글쓰기

나는 나에게 좋은 사람이 되기로 했다

1판 1쇄 인쇄 2023년 6월 14일
1판 1쇄 발행 2023년 6월 28일

지은이 이혜진
펴낸이 김선우

책임편집 진다영 | **디자인** 나침반
본부장 김익겸 | **편집팀** 김동준
경영지원 이용일 허라희 이정은
광고 비즈니스 이희재 김설희 | **제작** 올인피엔비

펴낸곳 헤리티지북스
출판등록 2022년 9월 15일 제2022-000244호
주소 서울시 마포구 양화로 78-22 3층
이메일 heritagebooks.rights@gmail.com

ⓒ 이혜진, 2023
ISBN 979-11-980636-8-7 12180

오늘의 기분, 내일의 나를 바꾸는 하루 한 장 심리 치유 글쓰기

나는 나에게
좋은 사람이 되기로 했다

이혜진 지음

헤리티지북스

prologue

사랑을 담아,

―――님에게 보냅니다.

한 살 한 살 나이를 먹다 보니 어느새 만 서른아홉이 됐어요. 이 세상을 '나'라는 사람과 마흔 해 가까이 함께 보냈다니, 새삼 모든 게 새롭고 놀라워요.

제 이야기를 먼저 솔직하게 털어볼게요. 사실 저는 마음속에 있는 말을 꺼내는 게 참 어려운 사람이었어요. 가장 가까운 사람에게조차 하지 못하는 이야기가 많았답니다. 담아두고 참는 게 습관이 됐고, 저도 점점 그게 편하다고 여겼어요. 그러면서도 한편으론 답답했어요. 언제까지 내 마음과 생각을 모르는 척 지나갈 순 없다고 생각했습니다. 그래서 꼭꼭 숨겨둔 속마음을 꺼내보기로 결심했어요. 브런치 스토리에 아주 가볍게 써내려갔고, 그동안 하고 싶었던 그 말들이 많은 사람의 공감을 얻게 되었지요. 그 경험으로 깨달았습니다.

'아, 마음을 글로 풀어내는 일이 이렇게도 중요하구나.'

저는 12년 차 상담심리사로 정말 많은 사람과 만났어요. 그들의 사연은 모두 가지각색이었지만 하고 싶은 메시지는 같았어요. 바로 "나도 내가 원하는 것을 모른다"였습니다. 스스로에 대해 깊이 알지 못하면 마음속 아픔도, 슬픔도, 분노도 제대로 인지할 수 없어요. 심리학에선 있는 그대로의 '나'와 마주할 수 있어야 비로소 문제가 해결된다고 이야기합니다. 혼자서 할 수 있는 가장 쉬운 방법으로 저는 글쓰기를 권하고 싶어요. 글쓰기의 효과는 심리학 연구를 통해서도 입증된 바 있습니다.

물론 글쓰기는 쉽지 않지요. 막상 시작하려고 하면 어렵고 부담스럽게 느껴질 수 있어요. 이왕이면 잘 쓰고 싶고, 그런데도 무엇을 써야 할지 막막하고, 어쩌면 자기 자신에 관해 쓸 말이 없을 수도 있습니다. 저도 그랬어요. 말로 해본 적도, 글로 써본 적도 없었으니 쓴다는 것 자체가 영 어색하고 낯설었으니까요. 그런데 신기하게도 쓰면 쓸수록 자신감이 붙더라고요. 나다운 게 무엇인지, 나로서 행복해지는 게 무엇인지 눈에 보이기 시작하면서 덩달아 글쓰기도 재미있어졌습니다. 당신도 이러한 글쓰기의 순기능을 꼭 한번 경험해봤으면 좋겠어요.

이 책은 골똘히 생각하지 않아도 되는, 아주 쉬운 물음으로 시작합니다. 차근차근 답해보아요. 단순한 질문 같아 보여도 그 모든 건 다 당신과 연결돼 있어요. 답하기 어려운 질문은 넘어가도 좋아요. 그 질문에 불현듯 답이 떠오를 때 다시 그 페이지로 돌아가 쓰면 됩니다. 만약

'무조건 답하고 말겠어!' 하는 의지가 있다면 아주 사소한 것이라도, 단 한 줄이라도 써보아요. 그날의 당신에게 가장 적합한 답이었을 테니 '이렇게 써도 괜찮을까?' 하고 걱정할 필요는 전혀 없어요. 더불어 오늘, 취향, 감정, 자신, 내일이라는 5가지 주제에 따른 질문으로 다양하게 구성했어요. 자기 자신을 다방면으로 이해하고 생각해볼 수 있도록요.

오늘

오늘은 어때요? 어떤 하루를 보냈나요? 지금의 당신에게 온전히 초점 맞춰보세요.

취향

당신이 좋아하는 것과 싫어하는 것을 정확히 아는 게 중요해요. 무엇을 떠올리면 설레는지, 신나는지, 불편한지 등 내면 깊숙한 곳의 취향을 살펴보아요.

감정

감정은 욕구의 신호예요. 충족된 또는 미충족된 당신의 욕구와 연결해 감정을 이해해보아요. 이 감정을 느끼는 이유를 명확히 알고 받아들이면 마음이 한결 편안해질 거예요.

자신

당신과 평생을 함께할 사람은 오로지 '당신'뿐이에요. 자기 자신에게 한번 다정히 말을 걸어보아요. 스스로를 객관적으로 바라볼 수 있는 '자기 대화식' 질문으로 구성했어요.

내일

내일은 아직 오지 않은 하루예요. 기대 반 불안 반으로 불확실한 시간을 기다리고 있을지 모르겠어요. 내일이 조금 더 편안하도록, 두렵지 않도록 같이 미래를 상상하고 계획해보아요.

단 100일만 써보세요. 하루에 한 페이지씩, 매일매일 주어지는 다른 질문들에 꾸준히 답하다 보면 어느새 글쓰기 근력이 붙고, 당신에 대해 하고 싶은 말들도 저절로 늘게 될 거예요. 무엇보다 당신이 얼마나 선명하고 빛나는 사람인지 알게 될 거예요. '왜', '무엇을', '어떻게' 등 점차 자신을 깊이 들여다봐야 하는 물음들에도 자신 있게 써내려가는 당신을 꼭 만나보길 바랍니다.

　저는 타고난 기질이 민감해서 온 세월을 저 자신을 알기 위해 공부해왔어요. 심리학과 함께하는 것도, 글쓰기를 계속 이어나가는 것도 그와 비슷한 이유예요. 제가 그동안 익혀온 심리학 지식과 글쓰기 치유 경험을 바탕으로 녹여낸 이 100가지 물음들이 부디 당신의 소중한 하루들에 많은 보탬이 되길 바랍니다. 언젠가 다시 펼쳐보는 그날, 과거의 당신도 지금의 당신도 더 깊이 사랑할 수 있게 된다면 더할 나위 없어요.

　마침내, 당신이 사랑하는 것들로 온통 채워지길 기대합니다.

오늘	취향	감정	자신	내일

쓰고 싶은 이야기가 있는 사람은

결국 쓰게 된다고 믿어요.

함께 채워나갈 생각에 두근두근해요.

당신의 마음은 지금 어떤가요?

년 / 월 / 일

지금 내 마음은

....

....

....

....

....

....

○ 상담심리사의 한 줄:
흘러가는 마음을 잠시 멈춰 세우는 일, 내 마음을 챙기는 가장 첫 걸음입
니다.

오늘	취향	감정	자신	내일

저는 아침에 일어나면
꼭 미지근한 물을 마셔요.
하루를 시작하기 전에
몸과 마음을 깨우는 저만의 루틴이자,
좋아하는 습관이기도 해요.
당신에게도 그런 루틴이 있나요?

하루 루틴 중 내가 좋아하는 일은

....

....

....

....

....

....

○ 상담심리사의 한 줄:
삶이 늘 새롭기만 할 수 없지요. 루틴은 우리가 살아가는 원동력이 되곤
합니다.

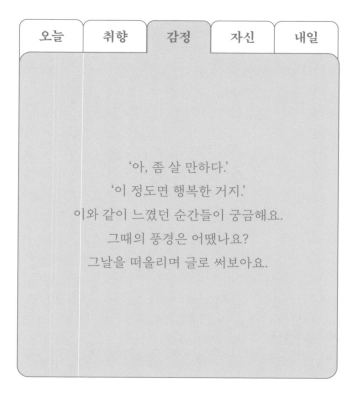

| 오늘 | 취향 | 감정 | 자신 | 내일 |

'아, 좀 살 만하다.'
'이 정도면 행복한 거지.'
이와 같이 느꼈던 순간들이 궁금해요.
그때의 풍경은 어땠나요?
그날을 떠올리며 글로 써보아요.

삶의 행복 또는 만족을 느꼈던 그날은

....

....

....

....

....

....

○ 상담심리사의 한 줄:
너무 흔해서, 사소해서 스쳐지나갔을지도 몰라요. 행복의 순간을 놓치지
말아요.

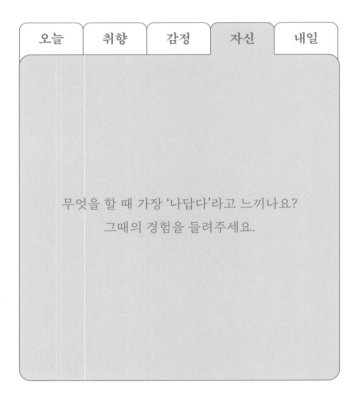

| 오늘 | 취향 | 감정 | 자신 | 내일 |

무엇을 할 때 가장 '나답다'라고 느끼나요?
그때의 경험을 들려주세요.

가장 나다운 순간은

··

··

··

··

··

··

○ 상담심리사의 한 줄:

'나답다'는 건 '자연스럽다'라는 의미예요. 나로서 온전할 때를 알아야 평
온해지고 싶을 때 그 상태로 돌아갈 수 있어요.

오늘	취향	감정	자신	내일

때때로 반복되는 일상이
지겹고 지루해질 때가 있어요.
그럴 때 저는 어디론가 훌쩍 떠나고 싶어져요.
당신은 어떤가요?

일상이 반복될 때 나는

....

....

....

....

....

....

○ 상담심리사의 한 줄:
지금 당신에게 필요한 자극이 무엇인지, 어떻게 채워야 할지 생각해보아요.

오늘	취향	감정	자신	내일

오늘 날씨는 어땠나요?
기분은 어땠나요?
화창한 날씨였다면 좋겠지만,
흐린 날도, 비가 오고, 춥고 더운 날도
부디 모두 좋은 하루였으면 해요.

년 / 월 / 일

오늘 날씨와 기분은

....

....

....

....

....

....

○ 상담심리사의 한 줄:

날씨에 따라 기분이 변하곤 하지요? 자연스러운 일이니 편안히 받아들이면 됩니다.

오늘	취향	감정	자신	내일

저는 계절이 바뀌는 그 순간에만
맡을 수 있는 향을 참 좋아해요.
당신은 무슨 향을 가장 좋아하나요?

내가 가장 좋아하는 향은

....

....

....

....

....

....

○ 상담심리사의 한 줄:
좋아하는 향과 얽힌 기억을 떠올려보세요. 그러면 기분이 훨씬 더 좋아질
거예요.

오늘	취향	감정	자신	내일

기쁨, 슬픔, 분노, 두려움, 사랑….
우리에겐 무수히 많은 감정이 존재해요.
당신이 알고 있는 감정들을 모두 나열해볼까요?
감정선을 세분화할수록
지금 내 기분이 어떤지 명확히 알 수 있어요.

내가 알고 있는 감정은

···

···

···

···

···

···

○ 상담심리사의 한 줄:

감정엔 좋고 나쁨이 따로 없습니다. 모두 나름의 이유로 존재한다는 사실을 잊지 말아요.

오늘	취향	감정	자신	내일

지금 당장 사고 싶은 물건이 있나요?
당신에게 100만 원이 생긴다면
무엇을 가장 먼저 사고 싶나요?

나에게 100만 원이 생긴다면

....

....

....

....

....

....

○ 상담심리사의 한 줄:
무언가를 갖고 싶다는 그 마음을 알아채보아요.

오늘	취향	감정	자신	내일

내일 여행을 갈 수 있다면 어디로 가고 싶나요?
그곳에서 무엇을 하며 시간을 보내고 싶나요?
저에게 알려주세요.

내일 떠나고 싶은 곳은

....

....

....

....

....

....

○ 상담심리사의 한 줄:

낯선 곳으로 떠나면 당신도 모르는 새로운 면을 발견할 수 있습니다.

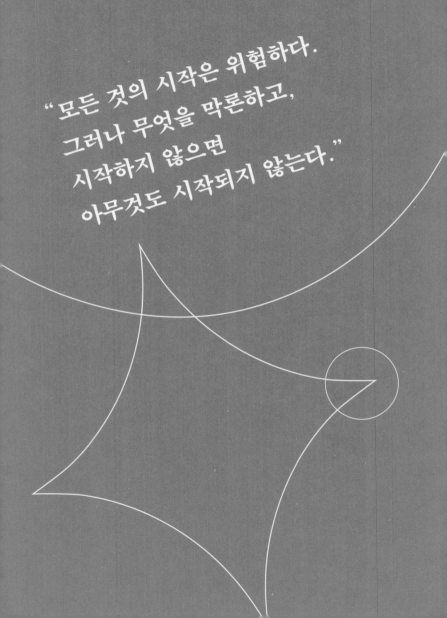

"모든 것의 시작은 위험하다.
그러나 무엇을 막론하고,
시작하지 않으면
아무것도 시작되지 않는다."

프리드리히 니체
Friedrich Nietzsche

| 오늘 | 취향 | 감정 | 자신 | 내일 |

오늘 당신이
가장 듣고 싶었던 말은 무엇인가요?
그 이유도 함께 알려주세요.

오늘 내가 가장 듣고 싶었던 말은

....

....

....

....

....

....

○ 상담심리사의 한 줄:
내가 나에게 건네는 말만큼 강력한 건 없습니다.

오늘	취향	감정	자신	내일

아무리 지친 날이라도
저는 반려견의 고소한 발 냄새만 맡으면
피로가 싹 가서요.
당신에게도 하루의 피곤을 말끔히 없애는
힐링법이 있다면 알려주세요!

지친 하루를 씻어내는 나만의 힐링법은

· ·

· ·

· ·

· ·

· ·

· ·

○ 상담심리사의 한 줄:
몸과 마음이 지친 날엔 꼭 쉬어야 해요. 스트레스가 쌓이지 않도록 조심
하세요.

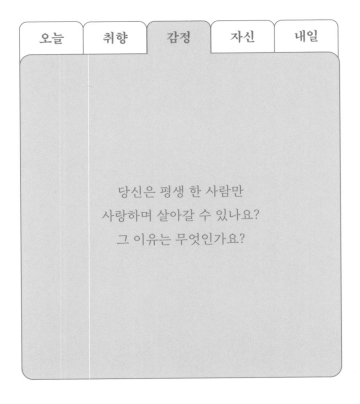

DAY 13

| 오늘 | 취향 | 감정 | 자신 | 내일 |

당신은 평생 한 사람만
사랑하며 살아갈 수 있나요?
그 이유는 무엇인가요?

나는 평생 한 사람만 사랑할 수

....

....

....

....

....

....

○ 상담심리사의 한 줄:
당신이 생각하는 '사랑'의 정의를 내려보아요.

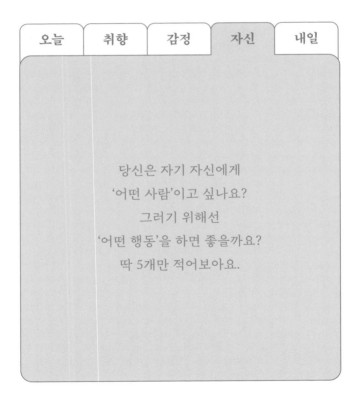

DAY 14

오늘	취향	감정	자신	내일

당신은 자기 자신에게
'어떤 사람'이고 싶나요?
그러기 위해선
'어떤 행동'을 하면 좋을까요?
딱 5개만 적어보아요.

나는 나에게

....

....

....

....

....

....

○ 상담심리사의 한 줄:

당신이 원한다면 무엇이든 될 수 있어요. 그 믿음이 변화를 이끕니다.

오늘	취향	감정	자신	내일

당신이 그리는
올 한 해의 모습은 어떤가요?
무슨 목표로 달려가고 있나요?
구체적인 그림을 그릴수록
당신이 원하는 삶으로 나아갈 수 있어요.

내가 바라는 올 한 해는

· ·

· ·

· ·

· ·

· ·

· ·

○ 상담심리사의 한 줄:

성취의 기쁨을 느끼다 보면 삶이 어느새 재미있어질 거예요.

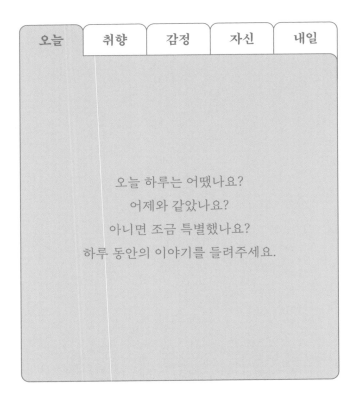

| 오늘 | 취향 | 감정 | 자신 | 내일 |

오늘 하루는 어땠나요?

어제와 같았나요?

아니면 조금 특별했나요?

하루 동안의 이야기를 들려주세요.

오늘 하루는

....

....

....

....

....

....

○ 상담심리사의 한 줄:
오늘의 순간이 힘든 나날의 든든한 힘이 될 거예요.

| 오늘 | 취향 | 감정 | 자신 | 내일 |

당신이 가장 안전하다고 느끼는 장소가 있나요?
실제로 존재하는 곳이어도 좋고,
아니어도 상관없어요.
그곳은 어디고, 어떻게 생겼나요?
그곳에서 당신은 어떤가요?
무엇과 함께인가요, 아니면 혼자인가요?
의식의 흐름대로 자유롭게 적어보아요.

내가 가장 안전하다고 생각하는 그곳은

....

....

....

....

....

....

○ 상담심리사의 한 줄:
스스로 그 공간을 만들어보는 연습을 해보세요. 마음이 불안할 때 특히
도움될 거예요.

오늘	취향	감정	자신	내일

생각만 해도
눈물이 날 것 같은 단어가 있나요?
왜 그렇게 느끼나요?
울고 싶은 그 마음을 글로 적어보아요.

왠지 모르게 눈물이 날 것 같은 단어는

··

··

··

··

··

··

○ 상담심리사의 한 줄:
눈물은 나쁜 게 아니에요. 그저 수많은 감정 중 하나일 뿐이니 참지 말아요.

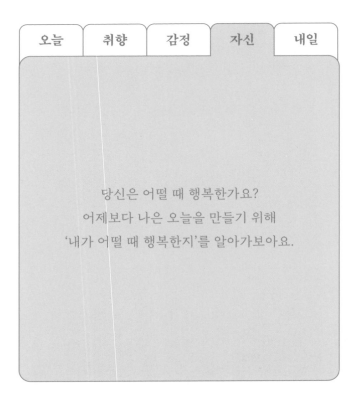

| 오늘 | 취향 | 감정 | 자신 | 내일 |

당신은 어떨 때 행복한가요?
어제보다 나은 오늘을 만들기 위해
'내가 어떨 때 행복한지'를 알아가보아요.

내가 행복해지는 방법은

· ·

· ·

· ·

· ·

· ·

· ·

○ 상담심리사의 한 줄:
스스로를 행복하게 만드는 행동을 함으로써 조금씩 '괜찮게' 만들어보아요.

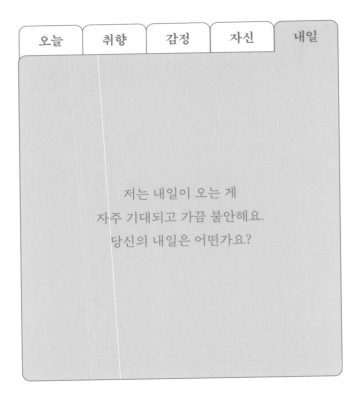

| 오늘 | 취향 | 감정 | 자신 | 내일 |

저는 내일이 오는 게
자주 기대되고 가끔 불안해요.
당신의 내일은 어떤가요?

다가올 내일은

....

....

....

....

....

....

○ 상담심리사의 한 줄:
스스로 만들어나갈 내일을 떠올려보세요.

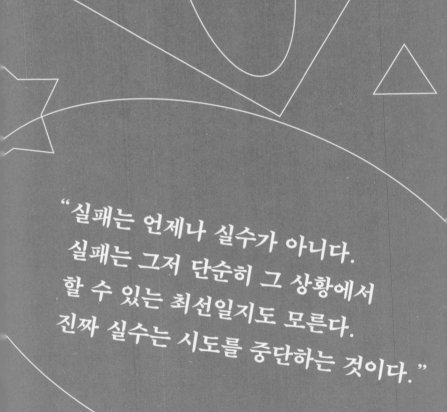

"실패는 언제나 실수가 아니다.
실패는 그저 단순히 그 상황에서
할 수 있는 최선일지도 모른다.
진짜 실수는 시도를 중단하는 것이다."

B.F. 스키너
B.F. Skinner

오늘	취향	감정	자신	내일

단골 카페에서 매번 시키던 커피를 주문했는데,

처음 보는 예쁜 찻잔에 담겨 나왔어요!

괜스레 오늘 하루가

특별해진 기분이 들었답니다.

오늘 당신에게도 그런 순간이 있었나요?

오늘이 특별하게 느껴진 순간은

....

....

....

....

....

....

○ 상담심리사의 한 줄:
특별한 순간을 포착하고 오래 간직해보아요. 쌓이고 쌓이면 살아갈 힘이
됩니다.

| 오늘 | 취향 | 감정 | 자신 | 내일 |

저는 독서를 즐기는 사람을 보면
호기심과 흥미가 샘솟아요.
어떤 책을 좋아하는지,
왜 좋아하는지 계속 질문하게 돼요.
당신은 어떤 사람에게 눈길이 가나요?
저에게 알려주세요.

내 눈길을 사로잡는 사람은

....

....

....

....

....

....

○ 상담심리사의 한 줄:
눈길이 가는 데엔 그럴 만한 이유가 있을 거예요.

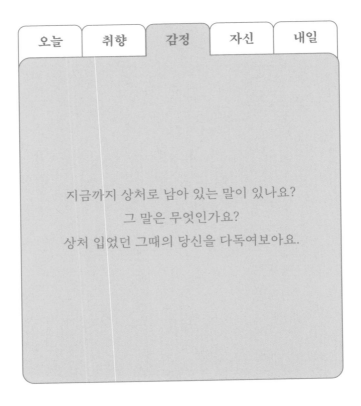

| 오늘 | 취향 | 감정 | 자신 | 내일 |

지금까지 상처로 남아 있는 말이 있나요?

그 말은 무엇인가요?

상처 입었던 그때의 당신을 다독여보아요.

상처가 된 말은

....

....

....

....

....

....

○ 상담심리사의 한 줄:
당신이 당신을 위로한 그 순간부터 그 말은 더 이상 상처가 되지 않을 거
예요.

| 오늘 | 취향 | 감정 | 자신 | 내일 |

스스로 '대단하다'라고 느꼈던 적은 언제인가요?

무엇 때문에 그렇게 느꼈나요?

무심코 지나갔던 당신의 잠재력을 발견해보아요.

나 스스로 대단하다고 느꼈던 순간은

··

··

··

··

··

··

○ 상담심리사의 한 줄:

당신은 당신이 생각하는 것보다 훨씬 더 능력 있는 사람입니다.

오늘	취향	감정	자신	내일

내일의 당신이
오늘보다 조금 더 자유롭고 싶다면
어떻게 해야 할까요?
무엇이 필요할까요?

년 /   월 /   일

내일의 자유를 위해 나는

....

....

....

....

....

....

○ 상담심리사의 한 줄:
홀가분한 마음으로 내일을 즐길 수 있길 바랍니다.

오늘	취향	감정	자신	내일

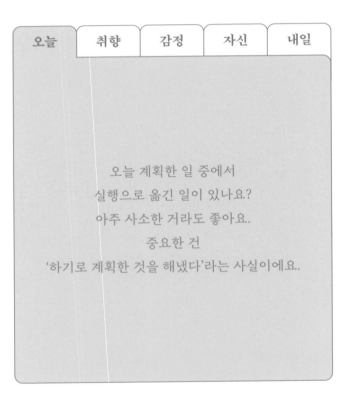

오늘 계획한 일 중에서
실행으로 옮긴 일이 있나요?
아주 사소한 거라도 좋아요.
중요한 건
'하기로 계획한 것을 해냈다'라는 사실이에요.

오늘 계획했던 일 중에서 실행한 건

....

....

....

....

....

....

○ 상담심리사의 한 줄:

해냈다는 것만으로도 힘차게 살았다는 증거예요.

| 오늘 | 취향 | 감정 | 자신 | 내일 |

저는 '좋아하는 행위' 자체에 진심이에요.

그래서 금방금방 무언가를

좋아하게 된답니다.

당신도 최근에 좋아하게 된 무언가가 있나요?

그게 무엇일지 정말로 궁금해요.

최근에 내가 좋아하게 된 건

....

....

....

....

....

....

○ 상담심리사의 한 줄:
즐거운 이 순간을 오래 기억해두면 좋겠어요.

| 오늘 | 취향 | 감정 | 자신 | 내일 |

요즘 들어 망설이고 있거나,
주저하는 일이 있나요?
무엇 때문에 그렇게 느꼈나요?
무엇을 하면 그 곤란한 일,
또는 감정을 해결할 수 있을까요?
하나하나씩 차분히 답해보아요.

나를 곤란하게 만드는 일은 바로

· ·

· ·

· ·

· ·

· ·

· ·

○ 상담심리사의 한 줄:
생각이 길어지면 마음이 복잡해져요. 이때 글로 써보면 효과적이에요. 내
생각을 눈으로 직접 볼 수 있게 되니까요.

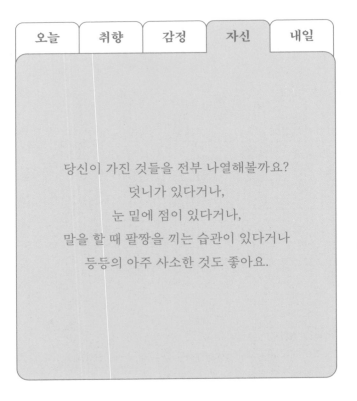

| 오늘 | 취향 | 감정 | 자신 | 내일 |

당신이 가진 것들을 전부 나열해볼까요?
덧니가 있다거나,
눈 밑에 점이 있다거나,
말을 할 때 팔짱을 끼는 습관이 있다거나
등등의 아주 사소한 것도 좋아요.

내가 가진 건

....

....

....

....

....

....

○ 상담심리사의 한 줄:
당신에게서 무수히 많은 부분들이 있다는 것에 놀라울 일만 남았습니다.

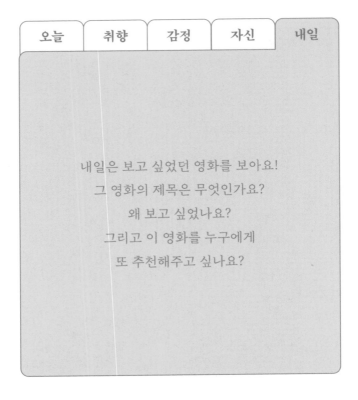

| 오늘 | 취향 | 감정 | 자신 | 내일 |

내일은 보고 싶었던 영화를 보아요!
그 영화의 제목은 무엇인가요?
왜 보고 싶었나요?
그리고 이 영화를 누구에게
또 추천해주고 싶나요?

내가 보고 싶었던 그 영화는

....

....

....

....

....

....

○ 상담심리사의 한 줄:

장르, 소재 등 당신이 좋아할 만한 특별한 무언가가 있을 거예요.

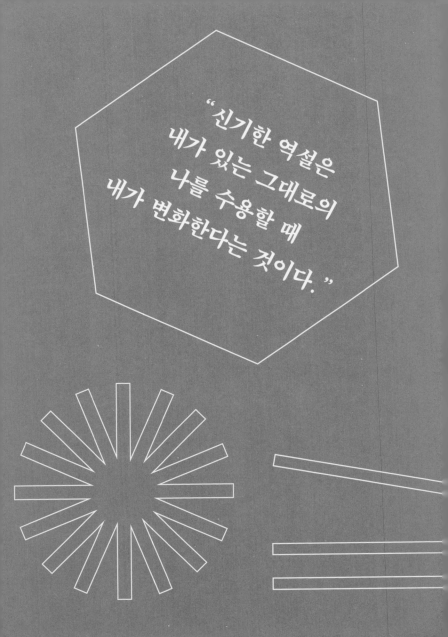

"신기한 역설은
내가 있는 그대로의
나를 수용할 때
내가 변화한다는 것이다."

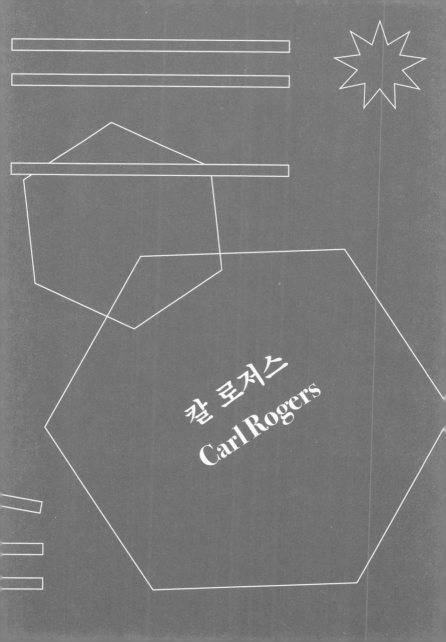

칼 로저스
Carl Rogers

오늘	취향	감정	자신	내일

오늘 들었던 말 중에서
기분 나빴던 말이 있었나요?
어떤 말이었나요?
그 사람에게 어떤 말을 해주고 싶은가요?
마음속에 꾹꾹 담아놓은 말을 꺼내보아요.
언제든 비슷한 상황이 왔을 때
써먹을 수 있도록요.

오늘 기분 나빴던 말은

....

....

....

....

....

....

○ 상담심리사의 한 줄:
결코 당신이 예민해서가 아니라, 그만한 사정이 있어서라는 사실로 받아
들였으면 해요.

| 오늘 | 취향 | 감정 | 자신 | 내일 |

저는 단골 카페에 있는 시그니처 메뉴인
'인디언 서머'를 가장 좋아해요.
바닥에 깔린 차가운 우유가 올라올 때까지
한 번에 들이키는 에스프레소인데요.
고소함과 달달함이
함께 어우러지는 맛이 참 좋아요.
당신의 커피 취향은 어떤가요?
언제부터 좋아했나요?
그 최초의 순간을 공유해주세요.

내가 좋아하는 커피는

....

....

....

....

....

....

○ 상담심리사의 한 줄:

마음은 몸에게 끊임없이 신호를 보냅니다. 감각이 반짝하고 반응하는 순
간을 놓치지 말아요.

| 오늘 | 취향 | 감정 | 자신 | 내일 |

가족, 친구, 연인 등
가장 가까운 주변 사람에게 물어보아요.
그들에게 당신은 어떤 사람인가요?
어떤 이미지로 비치고 있나요?
이야기를 듣다 보면 당신이 모르는
모습, 습관, 특징 등을 발견하게 될지도 몰라요.

_____ 에게 '나'라는 사람은

....

....

....

....

....

....

○ 상담심리사의 한 줄:

반드시 나에게 애정이나 관심이 있는 사람에게 물어보아요. 그래야 의미 있는 정보를 얻을 수 있으니까요.

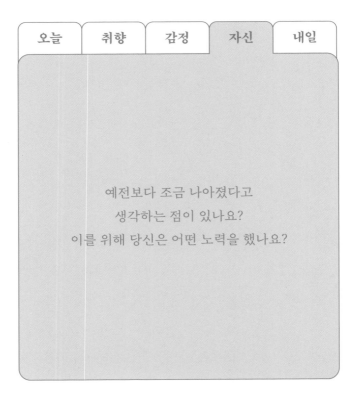

오늘	취향	감정	자신	내일

예전보다 조금 나아졌다고
생각하는 점이 있나요?
이를 위해 당신은 어떤 노력을 했나요?

예전 내 모습에서 나아진 점은

· ·

· ·

· ·

· ·

· ·

· ·

○ 상담심리사의 한 줄:
당신은 계속해서 성장하는 사람입니다.

오늘	취향	감정	자신	내일

내일 '단 1가지 행동'만 할 수 있다면
무엇을 가장 하고 싶나요?
아무런 제지도 없다면 말이에요!
저는 속에 있는 말을
솔직하게 다 해보고 싶어요.
당신은요?

년 / 월 / 일

내일 단 1가지만 할 수 있다면 나는

....

....

....

....

....

....

○ 상담심리사의 한 줄:

그동안 하고 싶었던 것들을 참아오진 않았나요? 당신에게 자유를 주세요.

오늘	취향	감정	자신	내일

오늘 하루
'이것 때문에 살았다!'
했던 게 있나요?
하루를 살아가도록 도왔던
그것에 대해 이야기해주세요.

오늘 하루를 살게 한 원동력은

....

....

....

....

....

....

○ 상담심리사의 한 줄:
지금의 당신을 있게 한 것들의 소중함을 느껴보아요.

오늘	취향	감정	자신	내일

저는 색감이 쨍한 옷을 입으면
마음이 산뜻해져요.
당신은 어떤 옷을 입으면
기분이 좋아지나요?

입으면 기분 좋아지는 옷은

....

....

....

....

....

....

○ 상담심리사의 한 줄:
중요한 날이나 울적한 날에 그 옷을 입어보아요. 자신감이 붙고 기분이
한층 더 화사해질 거예요.

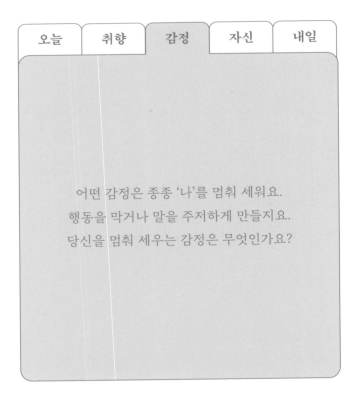

| 오늘 | 취향 | 감정 | 자신 | 내일 |

어떤 감정은 종종 '나'를 멈춰 세워요.
행동을 막거나 말을 주저하게 만들지요.
당신을 멈춰 세우는 감정은 무엇인가요?

나를 멈춰 세우는 감정은

....

....

....

....

....

....

○ 상담심리사의 한 줄:
그 감정이 무엇인지 알아채는 것만으로 '감정 인식 능력'이 길러집니다.

| 오늘 | 취향 | 감정 | 자신 | 내일 |

자기 자신에게 실망했던 경험이 있나요?
어떤 일 때문에 실망했나요?
그런 당신에게 어떤 말을 해주고 싶나요?
그리고 해결할 수 있는 방법이 있다면
그때의 당신에게 넌지시 알려주세요.

나에게 실망했던 일은

....

....

....

....

....

....

○ 상담심리사의 한 줄:
이런 일, 저런 일도 있지요. 되도록 다그치지 말고 보듬어주세요.

오늘	취향	감정	자신	내일

내일은 좋아하는 식당에 가보아요.

그곳은 어딘가요?

왜 좋아하나요?

어떤 메뉴가 맛있나요?

추천해주세요!

내가 좋아하는 식당은

· ·

· ·

· ·

· ·

· ·

· ·

○ 상담심리사의 한 줄:
좋아하는 곳으로 향하는 신나는 발걸음. 내일을 한층 더 기분 좋게 만들
어줄 거예요.

"사랑과 일,
일과 사랑.
그게 전부입니다."

지그문트 프로이트
Sigmund Freud

오늘	취향	감정	자신	내일

당신은 오늘 어떤 하루를 보냈나요?
저는 오늘 아침에 느지막이 일어나서
반려견과 함께 산책하고 집에서 푹 쉬었어요.
모처럼 맞이하는 여유로운 일상에
마음이 평온했답니다.

나는 오늘

....

....

....

....

....

....

○ 상담심리사의 한 줄:

치열함 속에서 여유를 발견해보아요. 그것만큼 달콤한 건 또 없지요.

| 오늘 | 취향 | 감정 | 자신 | 내일 |

지금 하고 있는 일을 좋아하나요?
좋다면 좋은 이유를,
싫다면 싫은 이유를 이야기해주세요.
솔직하면 할수록 좋아요.

나는 지금 하고 있는 일을

....

....

....

....

....

....

○ 상담심리사의 한 줄:
일을 하면서 어떨 때 유능감을 느끼고, 어떨 때 권태감을 느끼는지 알아
가보아요.

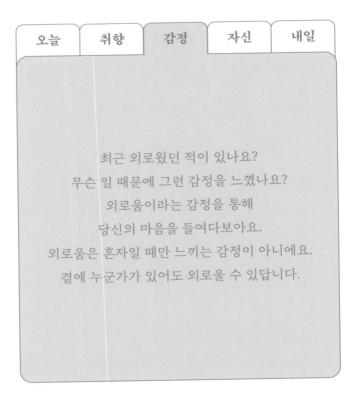

| 오늘 | 취향 | 감정 | 자신 | 내일 |

최근 외로웠던 적이 있나요?
무슨 일 때문에 그런 감정을 느꼈나요?
외로움이라는 감정을 통해
당신의 마음을 들여다보아요.
외로움은 혼자일 때만 느끼는 감정이 아니에요.
곁에 누군가가 있어도 외로울 수 있답니다.

내가 외로움을 느꼈던 순간은

....

....

....

....

....

....

○ 상담심리사의 한 줄:

오늘	취향	감정	자신	내일

'잘해야 해', '잘 보여야 해' 등

당신의 마음을 괴롭히는

'MUST(이렇게 해야만 해)'를 꺼내보아요.

언제부터 있었나요?

왜 생겨났나요?

솔직하게 털어내고

조금씩 놓아보는 연습을 해보아요.

내 마음을 괴롭히는 MUST는

· ·

· ·

· ·

· ·

· ·

· ·

○ 상담심리사의 한 줄:
당신을 해롭게 하는 강박들은 덜어내는 게 좋아요. 마음 건강을 위해 꼭
실천해보세요.

오늘	취향	감정	자신	내일

내일을 기대되는 하루로 만들어볼까요?

방법은 간단해요.

좋아하는 사람을 만나거나

자신과의 약속을 만드는 거예요.

당신은 무엇을 할 건가요?

설레는 내일을 위해

....

....

....

....

....

....

○ 상담심리사의 한 줄:

당신을 기쁘게 만드는 것들로 내일을 채워보세요.

| 오늘 | 취향 | 감정 | 자신 | 내일 |

오늘 하루를 보내며
새롭게 알게 된 사실이 있나요?
잊히지 않도록 글로 남겨보아요.

오늘 새롭게 알게 된 건

···

···

···

···

···

···

○ 상담심리사의 한 줄:

열린 마음으로 새로운 것들을 접해보세요. 생동감 넘치는 삶을 살 수 있
게 될 거예요.

오늘	취향	감정	자신	내일

'이것만큼은 나보다
좋아하는 사람이 없을 거야!'
자신할 수 있는 게 있나요?
열정적으로 좋아하는 그 마음을
저도 곁에서 느껴보고 싶어요.

내가 정말로 좋아하는 건

· ·

· ·

· ·

· ·

· ·

· ·

○ 상담심리사의 한 줄:

열렬히 좋아하는 그 열정은 살아가는 데 큰 힘이 될 거예요.

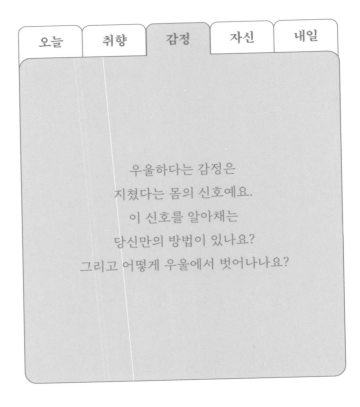

| 오늘 | 취향 | 감정 | 자신 | 내일 |

우울하다는 감정은
지쳤다는 몸의 신호예요.
이 신호를 알아채는
당신만의 방법이 있나요?
그리고 어떻게 우울에서 벗어나나요?

내가 우울할 땐

....

....

....

....

....

....

○ 상담심리사의 한 줄:
더 깊은 우울로 빠지지 않도록 항상 자신을 주의깊게 살피고 돌보아주세요.

| 오늘 | 취향 | 감정 | 자신 | 내일 |

저는 상담 후 한층 밝아진
내담자의 표정을 보면
그렇게 행복할 수 없어요.
제 존재도 덩달아 빛나는 기분이 들어요.
당신에게도 자신의 존재가
더욱 의미 있게 느껴진 순간이 있었나요?

내 존재가 빛나던 순간은

···

···

···

···

···

···

○ 상담심리사의 한 줄:
무엇보다도 당신의 존재 자체가 의미 있다는 사실을 잊지 말아요.

오늘	취향	감정	자신	내일

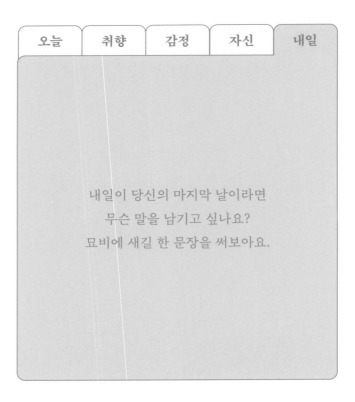

내일이 당신의 마지막 날이라면
무슨 말을 남기고 싶나요?
묘비에 새길 한 문장을 써보아요.

생의 마지막에 묘비에 새길 말은

....

....

....

....

....

....

○ 상담심리사의 한 줄:
생의 마지막에 남기는 메시지는 아마도 당신의 정체성에 큰 부분을 차지
하고 있는 것일 거예요.

"내 불안, 분노, 절망, 슬픔은
내가 아니다.
내 감정이나 느낌을
자기 자신과 동일시하지 않는 것이
중요하다."

다미 샤르프
Dami Charf

오늘	취향	감정	자신	내일

오늘 하루 재미있었던 일이 있나요?

그 장면을 공유해주세요.

그리고 저와 함께 한 번 더 크게 웃어보아요!

년 / 월 / 일

오늘 가장 재미있었던 일은

....

....

....

....

....

....

○ 상담심리사의 한 줄:
재미나 즐거움은 인간의 기본 욕구 중 하나이기 때문에 소중하게 챙겨야
합니다.

오늘	취향	감정	자신	내일

세상에 꼭 좋은 것만 있을 수 없지요.
당신의 마음을 불편하게 만들거나,
또는 싫어하는 게 있나요?

내가 조금 멀리하고 싶은 건

....

....

....

....

....

....

○ 상담심리사의 한 줄:
적어도 싫어하는 것을 꾹꾹 참으며 살지 않기로 약속해요.

오늘	취향	감정	자신	내일

당신이 온전히 이해받고 있다고
느낀 순간이 있나요?
그때의 상황을 알려주세요.
저는 오래 고민하다 속마음을 털어놓았는데,
그럴 수 있다며 다독여준 누군가가 떠올라요.

내가 이해받고 있다고 느꼈던 그날은

....

....

....

....

....

....

○ 상담심리사의 한 줄:
공감의 힘은 실로 대단해요. 내가 나로서 살아갈 동력을 선물해주니까요.

DAY 54

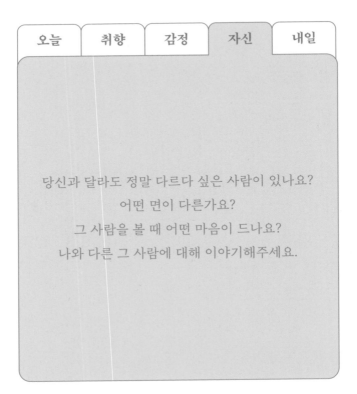

오늘	취향	감정	자신	내일

당신과 달라도 정말 다르다 싶은 사람이 있나요?

어떤 면이 다른가요?

그 사람을 볼 때 어떤 마음이 드나요?

나와 다른 그 사람에 대해 이야기해주세요.

나와 다른 그 사람은

....

....

....

....

....

....

○ 상담심리사의 한 줄:
도저히 이해가 되지 않을 땐 이해하지 말고 '그럴 수 있지' 하며 넘기는
것도 하나의 방법이에요.

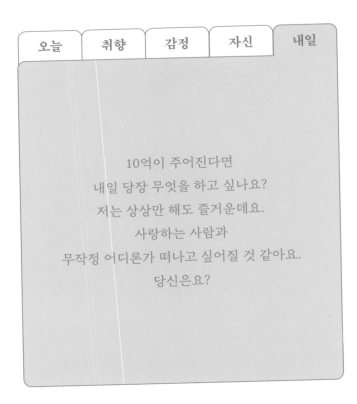

DAY 55

| 오늘 | 취향 | 감정 | 자신 | 내일 |

10억이 주어진다면
내일 당장 무엇을 하고 싶나요?
저는 상상만 해도 즐거운데요.
사랑하는 사람과
무작정 어디론가 떠나고 싶어질 것 같아요.
당신은요?

나에게 10억이 생긴다면

....
....
....
....
....
....

○ 상담심리사의 한 줄:
당신 안의 숨은 욕망을 있는 그대로 꺼내보세요.

오늘	취향	감정	자신	내일

오늘은 무슨 꿈을 꾸었나요?
또는 기억에 남는 꿈이 있나요?
꿈에서 일어났던 일들을 적어보아요.
당신의 마음이 꿈을 통해
뭔가를 말했을지도 몰라요.

오늘 내가 꾼 꿈은 (또는 자주 꾸는 꿈은)

....

....

....

....

....

....

○ 상담심리사의 한 줄:
꿈은 언제나 현재의 나를 비춰주고 있다고 생각해요.

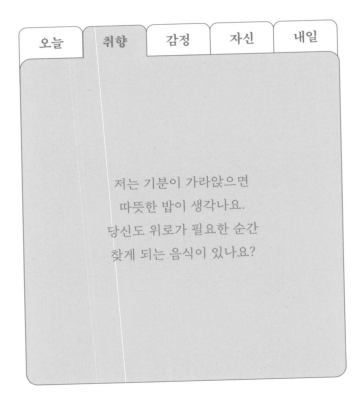

| 오늘 | 취향 | 감정 | 자신 | 내일 |

저는 기분이 가라앉으면
따뜻한 밥이 생각나요.
당신도 위로가 필요한 순간
찾게 되는 음식이 있나요?

내가 힘들 때 찾게 되는 음식은

....

....

....

....

....

....

○ 상담심리사의 한 줄:

오늘도 수고했어요. 맛있는 한끼로 하루를 마무리해볼까요?

| 오늘 | 취향 | 감정 | 자신 | 내일 |

당신의 감정을
누군가에게 쏟아부은 적이 있나요?
그날 어떤 일이 있었나요?
왜 그렇게 행동했나요?

그날 감정을 쏟아낸 이유는

....

....

....

....

....

....

○ 상담심리사의 한 줄:
참고 참느라 힘들었을 테지요. 고생했어요. 만약 후회가 된다면 앞으로
그런 일이 없도록 그 일을 거름 삼아보아요.

| 오늘 | 취향 | 감정 | 자신 | 내일 |

당신을 대표하는 키워드는 무엇인가요?

3가지를 적고,

그것들을 연결 지어 문장으로 만들어보아요.

당신이 더욱 선명하게 그려지도록요.

예를 들어, 제 대표 키워드는

'따듯한', '즉흥적인', '즐거움'이에요.

문장으로 만든다면 이렇게 할래요.

"마음은 따듯하게, 인생은 즐겁게,

즉흥의 힘!"

내 대표 키워드 3가지는

....

....

....

....

....

....

○ 상담심리사의 한 줄:
스스로를 설명할 수 있다는 건 그만큼 자신에 대해 구체적으로 잘 알고
있다는 의미예요.

오늘	취향	감정	자신	내일

내일이면 우리가 살아가는
세상이 전부 바뀐다고 가정해보아요.
세상이 바뀌어도 절대로 잃고 싶지 않은
단 1가지가 있다면 무엇인가요?
이유와 함께 알려주세요.

단 1가지만 지킬 수 있다면 그건 바로

....

....

....

....

....

....

○ 상담심리사의 한 줄:
그것이 있는 지금 이 순간을 감사히 여겨보아요.

"불완전함을 인정하는 용기를 가진
사람이 진정 강한 사람이다.
세상에 완전하고 완벽한 인간은
단 한 명도 없다."

알프레드 아들러
Alfred Adler

오늘	취향	감정	자신	내일

오늘 우리 함께 도망가요.

거기선 아무것도 하지 않아도 괜찮아요.

그곳에서 어떤 하루를 보내고 싶나요?

_____ 년 / 월 / 일

오늘 그곳에서 나는

....

....

....

....

....

....

○ 상담심리사의 한 줄:
때론 도망치는 게 도움될 때가 있지요.

| 오늘 | 취향 | 감정 | 자신 | 내일 |

저는 귀여운 걸 무척 좋아해요.
강아지, 구름, 말랑한 촉감,
심지어 음식도 귀여운 플레이팅과 함께 나오면
보는 순간 기분이 좋아져요.
당신은 어떤 걸 보면 미소가 지어지나요?

나를 미소 짓게 만드는 건

....

....

....

....

....

....

○ 상담심리사의 한 줄:

당신에게 웃음을 주는 그것이 일상 곳곳에 더 늘어났으면 좋겠어요. 매일 매일 조금씩 웃을 수 있게요.

| 오늘 | 취향 | 감정 | 자신 | 내일 |

어떤 감정을 느꼈다면

그건 분명 그럴 만한 사정이 있을 거예요.

당신이 최근 느꼈던 감정은 무엇인가요?

그 감정엔 어떤 사연이 있나요?

감정 뒤에 가려진 당신의 이야기를 들려주세요.

오늘 내가 느낀 감정은

....

....

....

....

....

....

○ 상담심리사의 한 줄:
생각하고 느낀 것들을 글로 쓰다 보면 어느새 자신의 마음에 더 공감할
수 있게 될 거예요. 일명 '자기 공감 능력'을 기를 수 있는 방법이랍니다.

오늘	취향	감정	자신	내일

당신의 타고난 강점은 무엇인가요?
그중에서도 가장 마음에 드는 강점과
그 이유에 대해 알려주세요.

내 강점은

· ·

· ·

· ·

· ·

· ·

· ·

○ 상담심리사의 한 줄:

강점은 누구나 하나쯤 가지고 있어요. 그 강점을 어떻게 하면 더 가꿀 수 있을지 함께 생각해보면 훨씬 좋아요.

| 오늘 | 취향 | 감정 | 자신 | 내일 |

오늘의 당신이 내일의 당신에게
주고 싶은 건 무엇인가요?
재미난 상상도 얼마든지 환영해요!

나는 내일의 나에게

· ·

· ·

· ·

· ·

· ·

· ·

○ 상담심리사의 한 줄:
작은 기대와 상상이 내일의 즐거움이 될지도 몰라요.

오늘	취향	감정	자신	내일

오늘 한 일 중 가장 잘한 일은 무엇인가요?
저는 오늘 미루고 미뤘던
반려견의 스케일링을 하고 왔어요!

오늘 가장 잘한 일은

....

....

....

....

....

....

○ 상담심리사의 한 줄:
칭찬은 무한할수록 더 좋아요. 스스로에게 아끼지 말아요.

오늘	취향	감정	자신	내일

저는 해가 질 무렵,

좋아하는 컵에 따듯한 티를 따라 마셔요.

긴장은 풀리고, 몸은 나른해지고,

마음은 포근해져서 좋아요.

당신은 하루의 마무리를 어떻게 보내나요?

무엇으로 충전의 시간을 갖는지 궁금해요.

나는 하루 마무리를

···

···

···

···

···

···

○ 상담심리사의 한 줄:
충전의 시간을 효과적으로 사용해보아요. 마음을 더 단단하게 만들어줄
거예요.

| 오늘 | 취향 | 감정 | 자신 | 내일 |

당신 안의 감정에게 잠시 말을 걸어볼까요?
대상은 하나 또는 여럿,
쓸 말이 짧든 길든 모두 상관없어요.
저라면 이렇게 말할래요.
기쁨에겐 '네가 있어서 행복하다'라고,
슬픔에겐 '잠시 쉬어갈 수 있게 해줘서 고맙다'라고,
분노에겐 '가끔 너도 참을 줄 알아야 한다'라고요.

내 안의 감정에게

· ·

· ·

· ·

· ·

· ·

· ·

○ 상담심리사의 한 줄:
감정을 대하는 법은 모두 달라요. 감정에게 말을 걸어보고 자기만의 방법
을 찾아보아요.

DAY 69

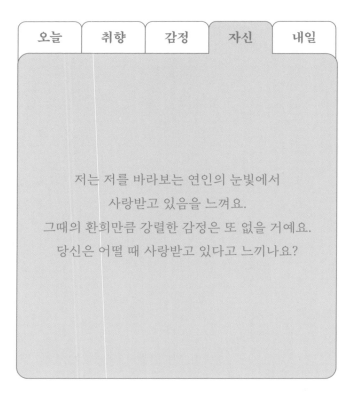

| 오늘 | 취향 | 감정 | 자신 | 내일 |

저는 저를 바라보는 연인의 눈빛에서
사랑받고 있음을 느껴요.
그때의 환희만큼 강렬한 감정은 또 없을 거예요.
당신은 어떨 때 사랑받고 있다고 느끼나요?

내가 사랑받고 있다고 느낄 때

....

....

....

....

....

....

○ 상담심리사의 한 줄:
타인의 사랑을 느끼고 그것이 충족되는 순간, 더욱 다채로운 감정을 느
낄 수 있게 될 거예요.

오늘	취향	감정	자신	내일

저는 내일 아침 눈을 뜨면
좋아하는 노래를 들으며 커피를 마실래요.
당신은 아침을 무엇으로 채우고 싶나요?

나는 내일 아침 눈을 뜨면

....

....

....

....

....

....

○ 상담심리사의 한 줄:

여유로운 아침은 하루의 컨디션을 끌어올려준답니다.

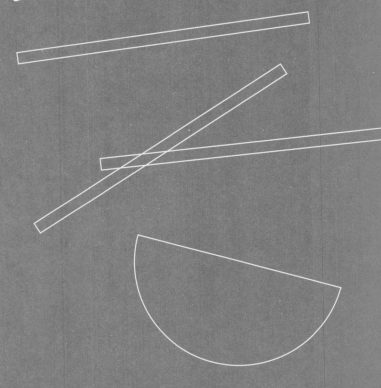

"나는 나다.
세상에서 나와 똑같은 사람은 없다.
나에게서 나오는 모든 것은
진짜 내 것이다."

버지니아 사티어
Virginia Satir

오늘	취향	감정	자신	내일

오늘 조금 아쉬웠던 점이 있나요?

만회할 기회가 생긴다면 어떻게 해볼 건가요?

비록 오늘은 지나갔지만,

미래에 또 같은 일이 생겼을 때

분명 도움이 될 거예요.

오늘 아쉬웠던 점은

....

....

....

....

....

....

○ 상담심리사의 한 줄:
지난 경험들은 더 나은 나로 성장하도록 돕는 귀중한 재료들이에요.

오늘	취향	감정	자신	내일

저는 인물 에세이를 가장 좋아해요.
한 사람의 마음과 생각을
깊이 있게 들여다보는 일을
좋아해서 그런가 봐요.
당신이 좋아하는 책은 무엇인가요?
좋아하는 이유와
마음에 드는 글귀를 함께 알려주세요.

내가 좋아하는 책은

....

....

....

....

....

....

○ 상담심리사의 한 줄:
책이란 누군가의 생각과 가치, 지식을 엿볼 수 있다는 점에서 매력적이
에요. 당신에게 영향을 끼친 문구가 무엇일지 궁금해요.

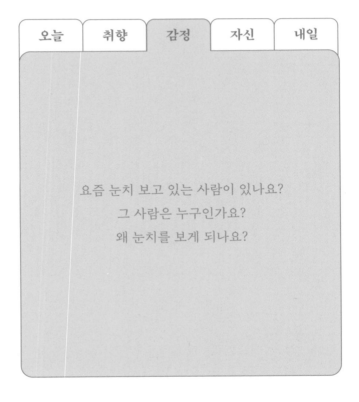

오늘	취향	감정	자신	내일

요즘 눈치 보고 있는 사람이 있나요?
그 사람은 누구인가요?
왜 눈치를 보게 되나요?

요즘 눈치 보고 있는 그 사람은

....

....

....

....

....

....

○ 상담심리사의 한 줄:

눈치 보는 당신을 미워하지 않았으면 해요. 그보단 그 감정의 원인을 알고, 어떻게 하면 편안해질 수 있을지를 고민해보면 좋겠어요.

DAY 74

| 오늘 | 취향 | 감정 | 자신 | 내일 |

당신이 살아가는 이유는 무엇인가요?
삶의 목적이 궁금해요.

내가 살아가는 이유는

....

....

....

....

....

....

○ 상담심리사의 한 줄:
지금 당장 삶의 목적이 떠오르지 않아도 괜찮아요. 거창할 필요도 없고
요. 그저 내가 이 세상을 살아가며 어떤 생각을 하는지 가볍게 살펴보아요.

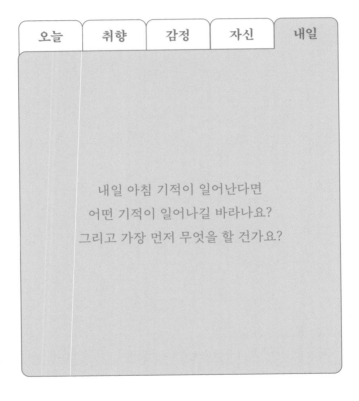

오늘	취향	감정	자신	내일

내일 아침 기적이 일어난다면
어떤 기적이 일어나길 바라나요?
그리고 가장 먼저 무엇을 할 건가요?

내일 만일 기적이 일어난다면

....

....

....

....

....

....

○ 상담심리사의 한 줄:
심리학 연구에 따르면 '기적 질문'은 우리의 잠재 능력을 일깨워준다고
해요. 자유롭게 상상해보아요.

오늘	취향	감정	자신	내일

오늘 당신이 거닐었던 곳 중에서
특별히 기억나는 곳이 있나요?
그때의 장면은 어땠나요?
그리고 무엇이 가장 인상 깊었나요?

년 /   월 /   일

오늘 특별히 기억에 남는 곳은

....

....

....

....

....

....

ㅇ 상담심리사의 한 줄:
당신의 마음이 머무른 그곳을 기억해주세요.

| 오늘 | 취향 | 감정 | 자신 | 내일 |

최근 당신의 고단함을 날려준 무언가가 있나요?
드라마, 게임, 음악, 춤, 뮤지컬, 연극 등
무엇이든 좋아요.
무엇을 보고 듣고 즐겼는지,
그리고 그때의 당신은 어땠는지 알려주세요.

최근 나를 즐겁게 한 건

....

....

....

....

....

....

○ 상담심리사의 한 줄:
행복과 즐거움을 자신만의 방법으로 채워보아요.

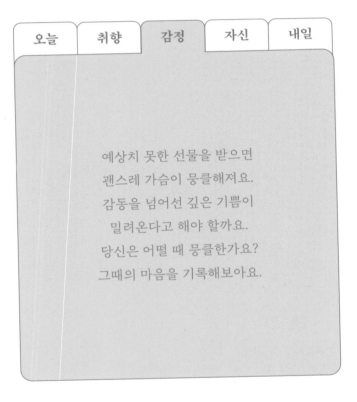

| 오늘 | 취향 | 감정 | 자신 | 내일 |

예상치 못한 선물을 받으면
괜스레 가슴이 뭉클해져요.
감동을 넘어선 깊은 기쁨이
밀려온다고 해야 할까요.
당신은 어떨 때 뭉클한가요?
그때의 마음을 기록해보아요.

마음이 뭉클해지는 순간은

. . . .

. . . .

. . . .

. . . .

. . . .

. . . .

○ 상담심리사의 한 줄:
살면서 뭉클한 순간을 떠올려보는 시간은 흔치 않아요.

오늘	취향	감정	자신	내일

지독하게 그만두고 싶은 일이 있나요?

이것만 그만두면 괜찮아질 것 같은데,

계속해서 노력하고 있진 않나요?

그렇다면 당신에겐 버틸 만한 자원이 필요해요.

도움을 요청할 사람이 있나요?

또는 해야만 하는 행동이 있나요?

지독하게 그만두고 싶은 그 일은

....

....

....

....

....

....

○ 상담심리사의 한 줄:

버텨온, 버티고 있는 당신에게 힘을 불어넣어주세요. 지치지 않도록요.

| 오늘 | 취향 | 감정 | 자신 | 내일 |

혹시 오랫동안 미뤄두고 있는 일이 있나요?

지금 여기서 약속해요,

내일은 꼭 해보기로!

내일 몇 시에 시작하면 좋을까요?

어떻게 하면 빠르게 끝마칠 수 있을까요?

내일 하기로 마음먹은 일은

....

....

....

....

....

....

○ 상담심리사의 한 줄:
1분 안에 끝마칠 수 있는 아주 작은 행동 단위로 계획을 세우면 달성 가
능성을 더 높일 수 있습니다.

"젊었을 땐
다른 나라를 발견하는 것이
모험이라고 생각했다.
하지만 이제는
나 자신을 발견하는 것이
진정한 모험이다."

다미 샤르프
Dami Charf

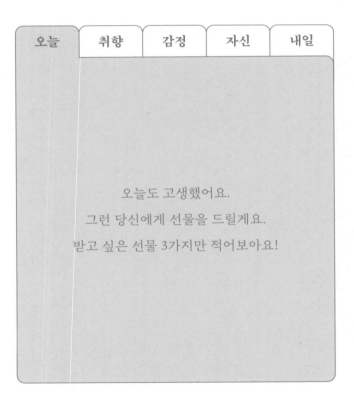

오늘	취향	감정	자신	내일

오늘도 고생했어요.

그런 당신에게 선물을 드릴게요.

받고 싶은 선물 3가지만 적어보아요!

내가 받고 싶은 선물 3가지는

....

....

....

....

....

....

○ 상담심리사의 한 줄:
자신이 원하는 것을 줄 수 있는 사람이 되는 일만큼 뿌듯한 일도 없을 거
예요.

오늘	취향	감정	자신	내일

저는 생각이 많아지면 무작정 걸어요.

걷다 보면 보이는 것들에

더 집중하게 돼서 어느새 잡념이 사라져요.

당신은 어떨 때 걷고 싶나요?

걸을 때 주로 무슨 생각을 하나요?

당신과 함께 나란히 걷는 상상을 해볼래요.

내가 걷고 싶을 땐

···

···

···

···

···

···

○ 상담심리사의 한 줄:
걸으면서 생각을 정리하는 일, 일명 '걷기 명상'이라고 해요. 복잡한 머릿
속을 간단히 정리해볼 수 있는 방법이에요.

오늘	취향	감정	자신	내일

현재 채워지지 않는 감정이 있나요?
알고 보면 어떤 욕구가
뒷받침되지 않아서일 수도 있어요.
채워지지 않은 그 감정에 집중하며,
당신 안의 무엇이 부족한지를 알아보아요.

내가 충족하고 싶은 감정은

....

....

....

....

....

....

○ 상담심리사의 한 줄:

감정 이면엔 욕구가 있다는 사실을 꼭 기억해주세요. 둘은 서로 뗄 수 없는 관계랍니다.

오늘	취향	감정	자신	내일

어떤 사람은 나를 변화시키고 성장하게 만들어요.
당신의 인생에도
'이 사람을 빼놓고 말할 수 없다'
하는 사람이 있나요?
또는 당신의 삶에 계속해서
두고 싶은 사람이 있나요?
그 사람을 떠올리며 감사의 편지를 적어보아요.

년 /   월 /   일

_____에게

....

....

....

....

....

....

○ 상담심리사의 한 줄:

먼저 글로 적어보고, 언젠가 기회가 된다면 말로도 전해보아요.

오늘	취향	감정	자신	내일

내일이 걱정되나요?
대비할 수 있는 방법이 있는지 살펴보고
5가지만 작성해보아요.
미리 대비하고,
통제하기 어려운 일은 훌훌 털어내버려요.

내일을 대비할 수 있는 5가지 방법은

....

....

....

....

....

....

○ 상담심리사의 한 줄:
통제할 수 있는 것과 없는 것을 구분해보면 스트레스 관리에 도움이 될
거예요.

오늘	취향	감정	자신	내일

오늘은 당신이 가장 자신 있게
만들 수 있는 요리를 해보아요.
그 요리는 무엇인가요?
어떻게 하면 맛있게 먹을 수 있을까요?

내가 가장 자신 있는 요리는

....

....

....

....

....

....

○ 상담심리사의 한 줄:

자신의 손으로 직접 만드는 일은 성취감을 안겨주지요.

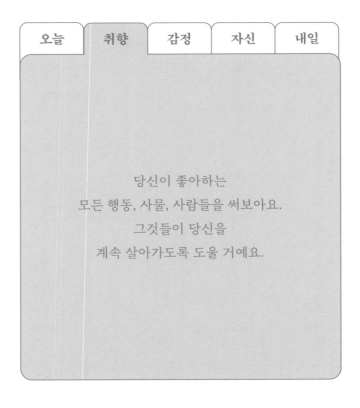

| 오늘 | 취향 | 감정 | 자신 | 내일 |

당신이 좋아하는
모든 행동, 사물, 사람들을 써보아요.
그것들이 당신을
계속 살아가도록 도울 거예요.

내가 좋아하는 것들은

....

....

....

....

....

....

○ 상담심리사의 한 줄:
당신이 좋아하는 것을 여기에 다 모아보아요. 지금 당장 떠오르지 않는다
면 훗날에 다시 추가해보아요.

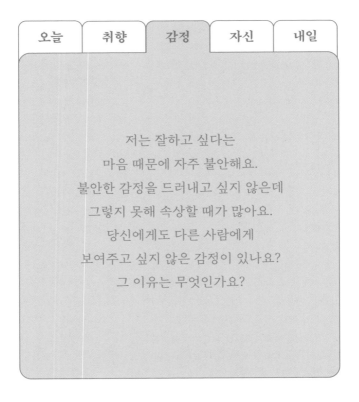

| 오늘 | 취향 | 감정 | 자신 | 내일 |

저는 잘하고 싶다는
마음 때문에 자주 불안해요.
불안한 감정을 드러내고 싶지 않은데
그렇지 못해 속상할 때가 많아요.
당신에게도 다른 사람에게
보여주고 싶지 않은 감정이 있나요?
그 이유는 무엇인가요?

타인에게 보여주고 싶지 않은 감정은

....

....

....

....

....

....

○ 상담심리사의 한 줄:

타인에겐 보여주기 싫은 감정이더라도 자신에겐 감추거나 속이지 않기로
해요.

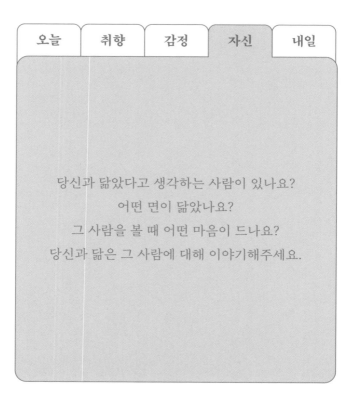

| 오늘 | 취향 | 감정 | 자신 | 내일 |

당신과 닮았다고 생각하는 사람이 있나요?
어떤 면이 닮았나요?
그 사람을 볼 때 어떤 마음이 드나요?
당신과 닮은 그 사람에 대해 이야기해주세요.

나와 닮은 그 사람은

· ·

· ·

· ·

· ·

· ·

· ·

○ 상담심리사의 한 줄:

닮아서 좋을 수도, 싫을 수도 있겠지요. 그 마음을 있는 그대로 바라보아요.

| 오늘 | 취향 | 감정 | 자신 | 내일 |

당신의 5년 후는 어떨 것 같나요?
반드시 이루고 싶은 건 무엇인가요?
한번 미래를 상상해보아요.

5년 후 나는

....

....

....

....

....

....

ㅇ 상담심리사의 한 줄:

그 모습을 반드시 이뤄야만 의미 있는 건 아니에요. 그저 당신의 가능성
을 확장시키는 방법 중 하나일 뿐입니다.

"행복한 삶도
어느 정도의 어둠 없이는
존재할 수 없으며,
슬픔이 균형을 이루지 않는다면
행복이란 단어는 그 의미를
잃을 것이다."

카를 융
Carl Jung

오늘	취향	감정	자신	내일

오래오래 기억하고 싶은
오늘의 순간은 무엇인가요?
3년 뒤에도, 10년 뒤에도 꺼내 보고 싶은
그 순간을 붙잡아보아요.

오래오래 기억하고 싶은 오늘의 순간은

....

....

....

....

....

....

○ 상담심리사의 한 줄:
놓치고 싶지 않은 순간을 만난다는 건 행운과도 같은 일이지요. 미래의
당신이 꺼내볼 수 있도록 이곳에 차곡차곡 쌓아보아요.

오늘	취향	감정	자신	내일

저는 마음이 요동칠 때면
피아노 연주곡을 들어요.
가만 시간을 보내다 보면
마음이 점차 차분해져요.
당신의 마음을 진정시키는 음악은 무엇인가요?
저도 함께 들어볼게요.

내 마음을 안정시켜주는 힐링 음악은

....

....

....

....

....

....

○ 상담심리사의 한 줄:
스스로를 진정시킬 수 있는 능력을 키워보아요. 음악의 도움으로, 또 다
른 무언가를 통해서.

| 오늘 | 취향 | 감정 | 자신 | 내일 |

화가 나면 꼭
그 감정을 풀어낼 수 있는 시간이 필요해요.
저는 그럴 때 잠시
숨을 깊이 들이마시고
천천히, 아주 길게 내뱉어요.
잠깐 사이에 진정이 조금 되더라고요.
당신에게도 화를 잠재우는
자기만의 습관이 있나요?

년 / 월 / 일

화를 잠재우는 나만의 습관은

....

....

....

....

....

....

○ 상담심리사의 한 줄:
화를 현명하게 표현하고 조절해나갈 때 우리는 더욱 건강해질 수 있습니다.

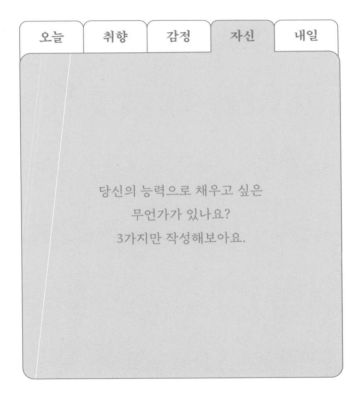

| 오늘 | 취향 | 감정 | 자신 | 내일 |

당신의 능력으로 채우고 싶은
무언가가 있나요?
3가지만 작성해보아요.

내가 채우고 싶은 3가지는

....

....

....

....

....

....

○ 상담심리사의 한 줄:
'내가 바라는 점들을 어떻게 하면 채울 수 있을까?'를 고민하다 보면 더
나은 모습으로 성장해나갈 수 있습니다.

오늘	취향	감정	자신	내일

내일은 조금 쉬어볼까요?
쉬는 날에 당신은 무엇을 하며
주로 시간을 보내나요?

쉬는 날엔 보통

....

....

....

....

....

....

○ 상담심리사의 한 줄:
마음 편하게 쉬고 있나요? 아무런 생각도, 걱정도, 고민도 없이 쉼 그 자
체로 충만하다면 좋겠습니다.

오늘	취향	감정	자신	내일

혼자서 끙끙 앓고 있는 문제가 있나요?

오늘은 한번 속마음을 털어놓아보아요.

솔직하게 털어낼수록

마음이 훨씬 가벼워질 거예요.

나를 힘들게 하는 문제는

....

....

....

....

....

....

○ 상담심리사의 한 줄:
속마음을 들여다보면 실마리가 보일 거예요.

| 오늘 | 취향 | 감정 | 자신 | 내일 |

10대 때로 돌아가 볼까요?

그때 좋아했던 것을 지금도 좋아하나요?

좋아한다면 무엇 때문인가요?

아니라면 왜 그런가요?

당신이 어렸을 적

좋아했던 것들에 대해 알려주세요.

내가 어렸을 적 좋아했던 건

....

....

....

....

....

....

○ 상담심리사의 한 줄:
10대 때의 당신도, 지금의 당신도 모두 껴안을 수 있는 당신이 되었으면
좋겠어요.

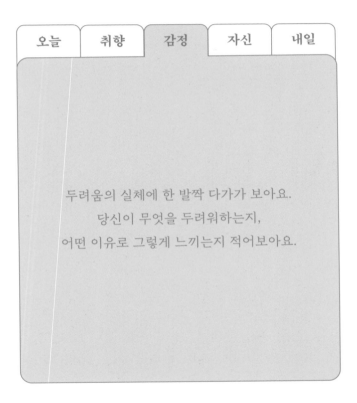

| 오늘 | 취향 | 감정 | 자신 | 내일 |

두려움의 실체에 한 발짝 다가가 보아요.
당신이 무엇을 두려워하는지,
어떤 이유로 그렇게 느끼는지 적어보아요.

내가 두려워하는 건

....

....

....

....

....

....

○ 상담심리사의 한 줄:
두려움은 불분명한 것에 느끼는 감정에 가까워서, 그 대상을 명확히 바라볼수록 가벼워져요.

| 오늘 | 취향 | 감정 | 자신 | 내일 |

당신은 지금 무엇이 필요한가요?
무엇을 원하고 있나요?
자신이 진정으로 원하는 게
무엇인지 몰라도 괜찮아요.
끊임없이 묻다 보면
언젠가 그 답이 툭 하고 튀어나올 거예요.

지금 내가 필요로 하는 건

....

....

....

....

....

....

○ 상담심리사의 한 줄:
질문의 영향은 실로 대단합니다. 자기 자신에게 끊임없이 질문하고, 답을 찾아내보아요.

| 오늘 | 취향 | 감정 | 자신 | 내일 |

내일이 당신이 살아갈 마지막 날이라면
어떻게 보내고 싶나요?
저는 사랑하는 사람과 반려견을 꼭 끌어안고서
사랑했고,
앞으로도 영원히 사랑할 것이라고
고백하고 싶어요.

내일이 내 삶의 마지막 날이라면

....

....

....

....

....

....

○ 상담심리사의 한 줄:
당신이 살아가는 이유가 되어주는 것들이 앞으로도 부디 함께할 수 있기
를 진심으로 바랍니다.

"인간은 완성의 존재가 아니라
'되어가는 존재'이므로,
좋은 삶이란 상태가 아닌 과정이며,
목적이 아닌 방향을 의미한다."

칼 로저스
Carl Rogers

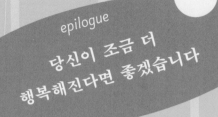

epilogue

당신이 조금 더
행복해진다면 좋겠습니다

100가지 물음과 100가지 답변이 모두 완성되었어요. 그리고 당신의 글쓰기도 끝이 났네요. 마무리가 된 지금, 당신의 마음은 어떤가요? 후련한가요? 아니면 시원섭섭한가요? 마지막 지면을 핑계 삼아 또 한 번 당신에게 여쭤보아요.

저는 살면서 셀 수도 없이 넘어졌었어요. 그중에서도 가장 큰 일은 만 서른넷 생일을 한 달 앞두고 암 진단을 받았을 때였습니다. 그때의 절망과 아픔은 말로 다 할 수 없어요. 암의 특성상 완치는 없답니다. 재발률이 높기에 영원히 저는 암 생존자일 뿐이에요. 글을 쓰기 시작한 것도 사실 이 때문인데요. 죽음의 문턱 앞에서 한없이 무력하고 우울했지만, 저는 저 스스로를 놓지 않으려 무던히 노력했습니다. 그동안 바쁘다는 이유로 소홀히 했던 저에게 진심으로 미안했고, 그런 저를 되돌아보며 위로해주고 싶었어요. 그때부터 무작정 글을 쓰기 시작했습니다. 그러면서 깨달았어요.

'아, 나는 정말 나에 대해 모르는 게 참 많구나.'

그 사실을 깨닫고 얼마나 부끄러웠는지 모릅니다. 알고 보니 저는 표현하길 좋아하는 사람이었어요. 내향형에

231

다 말하는 것도 썩 좋아하지 않는 편이라 하고 싶은 말과 감정들을 꾹 참아왔는데, 그게 아니었어요. 기꺼이 내보일 수 있는 바로 '글'이었습니다. 글에서만큼은 저 자신을 숨김없이 맘껏 드러냈어요. 쓰면 쓸수록 저 자신을 솔직하게 꺼내보이는 일에서 자유로워졌고, 저도 저다운 모습을 갖춰나갈 수 있었어요.

삶은 고난의 연속입니다. 그렇기에 우리에겐 그 고난을 뚫고 가는 힘이 늘 필요해요. 고난에 맞설 수 있는 사람이 되려면 언제 어디서나 긍정의 씨앗을 찾아낼 수 있어야 합니다. 이 책이 바로 그런 역할을 한다면 좋겠어요. 당신의 소중한 오늘을, 취향을, 감정을, 자신을, 내일을 잃지 않았으면 해요.

당신 안의 반짝이는 빛들을 발견하는 동안 저도 덕분에 많은 것을 배웠고 행복했어요. 우리는 여기서 잠시 안녕하지만, 당신의 글쓰기는 멈추지 않고 계속되길 기도합니다. 당신의 모든 나날에 행복이 깃든다면 좋겠습니다. 온 마음을 담아 감사합니다.